글벗시선 117 이연홍 시집

모정

이연홍 지음

도서출판 글벗

서언

시집을 출간하며

조금이나마 보답하려 시작했던 어머니를 위한 전시회를 준비하며 어머니의 일기는 『내가 살아온 세상』 이란
시집이 되었다.
엄마의 그림 속 또 다른 엄마를 볼 수 있어 『엄마의 그림에는 엄마가 살고 있다』 란 책을 만들면서 저 또한 다시 태어났습니다

나의 어머니는 저를 두 번이나 태어나게 해주셨습니다
24살 어린 나이에 공사장 인부들 밥을 해 가시며 해산 날까지도 일하시며 저를 낳으셨다 합니다. 어머니란 세 글자만으로도 머릿속은 하얗고 목구멍에는 가시가 박힌 것 같아 아무것도 할 수가 없었던 제가 어머니는 가장 가슴 아픈 삶을 사신 분이라 하면 그 시대의 어머니들은 누구나다 그랬다고들 하시지요.
하지만 저는 달랐습니다. 그래서 나에게 첫째는 어머니였던 것 같습니다. 그런 어머니께서 당신도 모르고 사시던 재능들을 뒤늦게 찾으신 후 저 또한 어머니의 그림 공부를

위해 함께 하며 그저 어머니를 위한 작업이었으니 용감하게 펜을 칼 삼아 휘두를 수 있었습니다

글을 써보라는 제의에도 난 아니라고 손을 저어도 봤지만 어느덧 엄마 덕분에 나 또한 이 길을 걷게 되었습니다

부족한 글 어디다 내놓겠느냐며 사양도 해보았지만, 어머니께 드리는 선물로 책 한 권 드리면 얼마나 좋으시겠냐며 다독여 주시고 응원해 주신 선배 선생님의 도움이 아니었더라면 세상구경도 못했을 글을 용기 내어 어머니께 드려보려 합니다.

꿈도 꿀 수 없었던 나만의 이야기를 세상에 내놓게 되었습니다. 어머니와 동행하며 옮겨 놓았던 저의 고백, 때론 채찍도 가하시며 도와주신 문우 선배님께 진심으로 감사드립니다. 수술 후 회복 중이신 나의 어머니와 아버지 그리고 시부모님께 이 책을 드립니다.

글을 배웠던 것도 아닌 부족한 사람 여기까지 올 수 있게 도와주시고 서평까지 맡아주신 계간 글벗 최봉희 편집주간님께도 깊은 감사를 드립니다.

가정의 건강과 평안을 빌며 사랑하고 축복합니다.

2020년 10월에 저자 이연홍

차 례

제2부 어머니(2)

제3부 아버지

제4부 친정집과 시부모님

제5부 조건 없는 사랑

제1부

어머니

나 하나에 귀한 사랑

1년 전 어머니의 일기로 "내가 살아온 세상"이란
시집을 어머니께 드리며 난 다시 태어났다
어머니는 나를 두 번씩이나 낳아주신 분이시다
많은 것을 주시고도 늘 무언가
부족해 보이시는지 걱정이 떠나질 않으시니
늘 배가 고파 보여 다시 한번
따듯한 혼을 먹여주시는 분이시다

문득 바빠진 마음
뒤늦게 그 정성 깨닫고
분주하게 움직여보지만
그 은혜에 감히 다가설 수도 없다

나는 받은 사랑에 표현을
누에고치의 명주실처럼
한 올 한 올 엮어보려 했지만
왠지 떨리고 채워야 할
허전함의 심경을
늘어놓아 본다

누구나 마찬가지겠지만
그분에 사랑. 은혜를 어느 것에
비교할 수도 없겠지만
마음에 쌓인 것을 말로
다하지 못한 부분을 조심스레
글로서 전해드리고자 한다

나는 여기 이 책 속에서
마음껏 불러본다

어머니
어머니
나의 어머니

엄마의 일기

중 고등 시절인 것 같다. 자취생활을 하던 나는 주말이면 집으로 갔었다.

평생을 흙과 함께하신 내 어머니
새벽녘 날이 채 밝기도 전에 나가서 짐작으론 김을 매시고 훤해지면 수박밭에서 곁가지와 씨름으로 시작해 수박밭에서 하루를 보내셨다. 세 아이를 낳아 기른 중년이 된 이 딸이 지나온 세월을 돌아보면 엄마의 지혜로움에 놀랄 수밖에 없다.

사춘기 딸내미에게 김치를 해놓고 가라면 쉬운 일은 아니었을 터 "연홍아 네가 한 김치는 어쩜 그렇게 맛있니? 참 잘했다."라고 칭찬 세례를 퍼부어 주셨었다. 그 칭찬에 힘입은 어린 소녀는 넓은 배추밭을 누비며 병든 것부터 골라 돈이 안 될 배추를 한 다라이 절이기 시작해 일주일간의 일용할 김치를 뚝딱해놓고는 개선장군마냥 엄마의 환호에 어깨가 들썩해지곤 했었다.

나의 중학교 생활에 빼놓을 수 없는 추억이 있다. 일주일에 한 번 가는 집이라 구석구석 청소를 하다 보면 찬장 밑에 뭔가 종이가 비집고 나와 몰래 꺼내어 보곤

했었다. 엄마의 삶의 이야기들을 옮겨 놓으신 글들을 보며 눈물을 훔치며 안 본 척 제자리에 찔러 놓곤 했었던 그때를 머릿속에서 지울 수가 없다.

땅거미가 내려앉아 캄캄해야만 들어오시는 그 힘든 생활 속에서도 글을 남기셨던 어머니가 계셨기에
팔십이 넘으셔서도 책과 벗하며 그림 속에 당신만의 삶의 색깔을 입혀 나가시고 계심에 난 감사하다. 지금의 나의 어머니는 얼마 전 오른쪽 어깨 인대가 끊어져 수술하셨고 회복 중이시다. 수전증이 있으신 어른이라 수술 후 손떨림은 더 심해졌지만, 또다시 제2의, 아니 제3의 삶을 펼쳐 가시기 위하여 다시 천자문을 쓰며 재활 중이시다. 단 한 번도 게으름이 없으신 어머니의 제3의 삶의 도전은 그녀만의 긍정의 힘에서 나올 수 있음을 보며 또 다른 각오를 다진다.

정말 잘 살아야겠다, 잘 늙어가야겠다는 삶의 다짐을 한다.

어머니는 오늘도 제3의 삶을 현재 진행형으로 아름답게 펼쳐 가시고 계시다.

모지 스 할머니

인생에서
너무 늦은 때란 없다는
모지 스 할머니
75세에 그림을 시작하셨다는
모지 스 할머니
딱 정옥순 여사 우리 엄마의
인생과 같다

할머니 그림을 보여드렸더니
손바닥만 한 핸드폰 속으로
들어가신다

풍경도 색감도
반할만한 멋진 그림
어머니의 핸드폰에 저장
갤러리 초대 손님으로
자리 잡는다

모지 스 할머니의 그림 세상
꼭 내 어머니의 그림 세상을

보는듯하다

어머니 꼭 모지 스 여사님만큼만
오래오래 그림으로
다른 세상을 열어 가시는
나의 우상이 되어주세요.

엄마의 세계

누런 이면지가
꿈의 동산이 되어
한 송이 꽃피워 놓고
나비는 날고 있다
작은 꿈은 어느새 한지
위에서 꿈을 그려 놓는다

어떻게 이런 창조를 하셨을까
해 넘긴 달력은 꿈의 동산 되어
꽃을 심어 새가 날고 있다

호랑이 근육 자랑에
매화의 사랑 꽃향기 피워
엄마의 동산은 희망이다

안부

떨리는 손으로 한 자, 한 자
적어가는 어머니의 마음은
딱 오늘 만난 쪽빛 하늘같다

함께 공부하며 나누던 정
만나지 못하는 그리움이
핸드폰을 통해
빠르고 정확하게
배달되었나 보다

옥희 씨, 복희씨, 은숙 씨
그리고 존경하는 스승님
85세의 어머니는
고마움과 그리움을
유난히도 파란 하늘에
춤추고 있는 꽃잎 되어
임 계신 곳 당도하니
반가운 화답이 날아온다

어머니의 그림 전시회

거친 손에 세월이 묻어 있다
떨리는 손으로
숨조차 멈춰가며
붓을 들었을 어머니

어머니는 그저 우리들의
어머니인 줄만 알았습니다.
어머니는 그저 세월 속에
우리 오남매를
등에 업고 사셔야만 하는
분인 줄만 알았습니다

그러나 어머니에게도
사랑도 있고 희망도 있다는 걸

열아홉 살 청춘으로 머물고 계시다는 걸
나는 이제야 알게 되었습니다

엄마의 약력

엄마의 약력을 적어보고
사진이라도 남겨보려니
또 한 번 눈물을
쏟을 수밖에 없습니다

아무리 가난하다 하지만
그 흔한 사진 한 장을 못 찍고
기울 대로 기운 가문을 일구랴
엄마의 낙서장에 남겼던
행복 하나둘씩 태어나 준
남매들 키우시느라
엄마의 인생엔 아무것도
없었음을 다시 보게 됩니다

엄마!
엄마를 불러보자면
목이 메고 가슴이 먹먹하여
아무것도 할 수 없었던 이 딸이
이제는 엄마를 떠올리면
감사와 행복, 그리고 희망을 꿈꾸게 되었답니다

자랑스러운 나의 어머니
두 해 전 교통사고로 인해
그 힘든 투병 시간에도
원망은커녕 좌절하지 않으시고
다시 살게 해줘서 고맙다며
또 다른 인생을 도전하셔서
새롭게 펼쳐 가시는
나의 어머니를 이 딸은
응원하겠습니다

이제 남은 인생
화선지에 하나하나
그려 채워가시듯
펜과 함께
붓과 함께 멋진 인생을
그려나가세요
사랑합니다

아카시아의 향기

어릴 적 아카시아의 향기
중년이 된 나의 무릎 위에
소환시켜 올려놓아 본다

밭 언저리 돌담을 쌓고
아카시아 나무로
울타리를 쳐놓았던 신병교육대
코를 찌를 듯한 짙은 향기 따라
어머니의 눈물은 마를 날이 없었다

군에 간 아들 생각에
부대 안 교육생들에 힘찬
구령은 내 어머니의 가슴팍
총기가 되어 훑어지고
생채기로 피가 줄줄 흐른다.

아!
아카시아 꽃향기에
사랑스러운 나의 어머니
젖내음이 묻어 나온다

해바라기

빛바랜 달력 뒷장에
꽃을 피우신 어머니
가족들의 행복 빌며 한장 한장
그려 넣으신 해바라기

세상 구경하겠다고
쑥쑥 키만 키우던
해바라기

쟁반같이 둥근 얼굴
노랗게 피어올라
해님만 바라보더니

어느새 새까만 얼굴 되어
고개를 숙이고
새들만 쉬어가네

내게도 이런 일이

말로 표현 못 할
내 어머니의 시름
조금이나마 덜어드리고 싶어
바다를 먹물 삼아도
다 할 수 없는 은혜
그저 받기만 한다

조금이나마 보답하려
시작했던 어머니를 위한
전시회를 준비하며
어머니의 일기는
내가 살아온 세상이란
시집이 되었다

엄마의 그림 속
또 다른 엄마를 볼 수 있어
엄마의 그림에는 엄마가 살고 있다란
책을 만들었었는데

이제는 엄마 덕분에

나 또한 이 길을 걷고 있다
꿈도 꿀 수 없었던 나만의
이야기를 세상 밖으로
내보낼 수 있다니
이 또한 내게 주어진 축복이라
감사로 받고 겸손으로
나눔의 삶을 이어가 보련다

또 하나의 꿈

칠십에 천자문으로
한자의 달인 되시더니
팔십에 그림 공부
작가의 꿈 이루셨던
작은 거인

삶의 흔적들
진솔한 고백
쏟아 놓은 시집
세상 나들이하셨다

이제 한 가지 해보고 싶은 것
노래 교실이라는데
하루빨리 코로나 물러가고
엄마 소원 이루시면 좋겠다

어머니

눈물을 글썽이는 친구
보고 싶어도 볼 수 없는
엄마가 보고 싶다 한다

친구야
곁에 계신 엄마라도
난 늘 그립고 울컥하며
보고 싶어진단다

보고 있어도 보고 싶은
나의 어머니

사진 속 엄마

갤러리에 담긴 모습
85세의 연세에도
환한 미소를 담고 멋져 보인다

내 앞에 계신 엄마는
반쯤 굽은 허리에
왜 그리 왜소하신지
울컥하니 나의 가슴을
찌른다

반쯤 굽은 허리에
작고 왜소한 엄마라도
나는 괜찮습니다

그냥 지금처럼만
함께해주세요
서 있는 것도 힘들어
나무를 의지하는 어머니
나는 당신을 사랑합니다

나의 노트

해 묵은 노트를 꺼내 본다
어머니
어머니…
이 세 글자뿐 아무것도
채울 수 없었던 지난날
이제 서야 마음껏 써보려고 한다

불과 몇 년 전만 해도
어머니란 세 글자뿐
아무것도 쓸 수 없어
백지로 버려둔
나의 노트를 이제야
마음껏 채워보려 한다

혹독한 삶 속에 해 뜰 날 없었던
여인 어머니를 지켜보는
나에게도 아픔이요 상처였기에
글조차 쓸 수 없을 만큼
많이 아파야 했다

팔순이 넘어 새 삶을
살아가시는 어머니
그녀는 이제 그림 그리는
할머니가 되었고
그동안의 삶이 한 권의
시집으로 태어나던 날
꽉 막혀있던 내 가슴도
함께 뚫렸다

이제는 어머니의 한이
어머니의 아픔과 시련들이
하나하나 영글어
감사의 꽃으로 피어난다

맷돌

한 세월 힘겹게 살아오신
어머니 양지바른 툇마루에
앉아 세월을 돌리신다

가난의 서러움과
매운 시집살이의 서러움까지
다 갈아 버리시려나 보다

어머니는 찌든 삶을
작은 입에 한 수저 한 수저
떠 넣으시며
한 많은 세월을
말없이 지우려 하신다

오늘도 어머니는 툇마루에서
맷돌을 돌리신다

빈 의자

난 괜찮으니 이곳에서
잠시 쉬어가세요

유모차가 기둥이 되어
당신의 몸을 실어야 하는
어머니들 이곳에서
잠시 쉬어가세요

외로워 떨고 있는
그대들이여
한 발자국도 뗄 수 없을 만큼
지친 자여 이곳에서
잠시 쉬어가세요

신음 소리조차 낼 수 없을 만큼
아파 본 사람 있는가
가는 곳마다 품 내어주고
넉넉한 인심의 빈 의자
날마다 닦아 놓을 테니
지치고 힘든 자여
이곳에서 잠시 쉬어가세요

꿈같은 오늘

또 하나의 세상을 보고 있다
이 세상에 하나밖에 없는
화선지 속에 존재하는 엄마의 집

여덟 번이나 되는 굽이치는
긴 강을 건너서야
이제 새 땅을 밟고 계신다

물감을 풀어 그려가시는
어머니의 우주
어머니는 그냥 감격이다

제2부

어머니(2)

어머니를 그리는 사모곡

두두두두
유쾌하지 않은 굉음과 함께
전파가 돌고 돌아
어머니의 뼛속까지
훔쳐보고 있다

저토록 메마른
어머니의 무거운 삶
반쯤 휘어버린 허리에
반듯이 누워야 하는 검사도
얼마나 힘이 드실까
우리 엄마의 무거운 삶을
다시 보게 된다

그 서럽고 치열했던 인생 속에
오 남매가 희망이었던 어머니
너희들이 있어 행복하다 하시니

저 또한 어머니가 계시니 감사하지요

어머니의 강

어찌 그다지도 고단했던가
어린 시절 우리 집에는
얇디얇은 유리로 된
호야로 밤을 밝혀야만 했었다

봇물이 흐르는 빨래터
볏짚을 비벼 얇디얇은
호야를 닦으려면
왜 그리도 잘 깨지던지
꼭 어머니의 위태롭고
고단했던 한 생애를
보여주는 것만 같아
어린 딸은 늘 눈물 바람이었다

어머니의 삶은
바람 부는 날 처마 밑에
아슬아슬한
등잔불 같기만 했던
여자의 일생이었다

어머니의 한 생애를
굽이치는 저 강물에 비할쏘냐
이제 좀 쉬실 만도 하시지만
어머니의 강은 쉴 새 없이 굽이치며
한 시가 아깝다 하시니
상처 난 심장에 가슴 시리도록
찬 바람만 불어온다

피붙이

어미 아비 몸을 빌려
세상 구경한
우리 오 남매
이 땅에 빛을 보았다

살 나누고 피 나눠주신
내 어머니
저토록 깊은 고통 속에
헤매고 계시니

이 여식 가슴 미어지는 아픔 있지만
부모님 일이라면 한숨에
달려와 주는 내 형제들 있으니
슬픔은 반으로 든든한 하루였다

사랑하는 피붙이 오 남매가 곁에 있으니
내 어머니 말할 수 없는 고통 속에서도
꿋꿋이 이겨내시는 힘인 것 같다

지금 이때가 바로 그럼에도 불구하고
감사함이로다

모정(1)

가슴 속인들 오죽하랴
가난에 맺힌 설움
검게 멍든 것을
누군들 알겠는가
멍든 모습에
당신의 모습이 배어 나온다

따듯한 것은 내어주고 퍼 주다
정작 어머니의 우물은 말라
차디찬 알몸 되어 침상 위에
누워있는 모습이 마른 나뭇가지 같아
가슴이 시려온다

그 고통 속에서도 자식들 아파할까
애써 기운 차려보려 하는 당신
지난 시간을 헤매며
떠올려 보는 깊은 밤
당신의 야윈 모습 당신의 우물에
샘이 솟기를 기도한다

모정(2)

나보다 더 나를
사랑하신다
세월의 흔적에
흰 서리 내린 모습
당연한 걸
당신의 딸은 아닌가 보다

야! 야!
네가 벌써
염색이라도 했으면 좋겠다
오늘은 얼굴이 가무잡잡해졌다고
지긋이 바라보신다

나보다 내게 더 집중하시는
나의 사랑
오늘도 그 사랑이
내게 주시는
가장 귀한 사랑이다

멈춰진 시간

내 어머니의
세월 떨어지는 소리를
신음 소리에 담고 계신다

문명의 발전으로
그토록 좋은 무통 주사도
거부하는 작은 몸

체질까지 약하셔서
오롯이 혼자 견뎌내셔야 하니
가슴이 미어진다

오늘따라 더디기만 한 하루
빨리 지나갔으면 좋으련만
이리도 길기만 한지 모르겠다

멈춰진 시간 원망할 수도 없고
침상 곁을 지키며
멈춰버린 시간이 빨리 가기를 기다린다

그때가 그리워진다

우리 엄마 하얀 입술로
부서지는 옛이야기
파도 되어 토해내시던
그때가 그리워진다

너무 고통스러워
신음 소리조차 낼 수 없는
어머니의 고통을
그저 바라볼 수밖에 없으니

끝없이 토해내시던 옛이야기
때론 그만 좀 하셨으면 했지만
기운 차려 못다 한 이야기
다 토해내셨으면 좋겠다

연가

병상에 계신 울 어머니
나보다 더 늦게 시집간
언니 때문에
속 꽤나 끓이셨다

친정집 올 때마다
대충 입고 아이 끌어 앉은 채
차에서 내리던 큰딸
일찌감치 가정 꾸리고
예쁘게 좀 하고 살지
제게 뭐냐 걱정하시던
울 엄마 한마디
곱게 해라, 다 때가 있는 거란다

젊음이 매일 있는 게 아니라던
엄마 성화에 친정 올 때마다
미용실에 가서 곱게 치장하던 울 언니
오늘은 지척에 계신 어머니가
빨리 보고 싶고
허허허 웃기만 하던 울 언니가 보고 싶다

어머니의 은혜

멀찌감치 보이는
강 건너 부모님 터전
멀기만 한 밭인데도
어머니께서는
한눈에 들어오시나 보다

이맘때면 퍼렇게
어우러져야 할 밭이
허옇게 보이니
어머니에 혼잣말
들깨가 펴지질 못했다

며칠 전에 들은 어머니의
푸념 같은 말이 마음에 걸려
오빠에게 밭으로 가자 청하니
칠월의 녹음보다 짙은
오누이의 정 하나로
비료를 싣고 밭으로 향했다

산기슭의 밭이라 평지보다

비탈진 경사로 비료 들고
한 줌씩 떨구는 것도
쉽지 않은 작업이었다

생전 처음 해보는 비료 주기
경사진 곳에는
중심을 잡기조차 힘든 것이
내 어머니의 삶을
보는 것만 같았다

호미를 들고 김을 매며
허리는 끊어질 듯 아파지고
어머니의 삶이 영화처럼
펼쳐져 눈물이 왈칵 쏟아진다

어머니 사랑

둥지 틀어 올망졸망
우리 오 남매들
이불 하나에 발을 묻는다

이 땅에 좋은 것
다 모아 자식에게 주고파
땀 흘리던 수고쯤은 당연하게
기쁨으로 대신하신 부모님
자식들 잘 되었으니
이제는 다 이루었다

밝은 세상 맞았다고
좋아라고 하시지만
축 늘어진 부모님의 어깨는 가없다

몸에 힘이 있는 그때까지
자식에게 폐 끼치지 않으시려
오늘도 입에 밥 한술 떠
넣으시는 것까지
최선을 다하시는 어머니 사랑
이 여식 눈에 보이니
어머니 사랑은 가없기만 하다

정 작가님

장마철 이름 모를 잡초들
빗물 담고 흔들리다
무게에 못 이겨
아주 누워버렸다

어머니 인생 또한
아낌없이 펴 주다 보니
이제는 작은 돌부리조차도
큰 벼랑이 되어 휘청거리신다

병원 다녀오는 길
어머니가 좋아하시는
그림 전시회
어머니의 지친 얼굴은
간데없고 미소로
화답하시는 모습
정 작가님
당신은 역시 프로이십니다

파로호

또각또각 여인들의
하이힐 굽 소리
파로호 넓은 강
물속으로 퍼져 간다

멀고 먼 정상에서
외줄 타고 떠내려오는
여인네들은
평화 통일 외쳐대며
새가 되어 날고 있는데
이 네 몸은 목이 타도록
부르고 또 불러댄다
엄마!
엄마!

넓디넓은 호수
메아리 되어 귓전에 맴도니
파로호 그곳에도
어머니가 계시나 보다

꽃

한바탕 쏟아붓고
잠시 숨 고르는 시간
빗소리 대신 풀벌레 소리가
우주를 가득 채운다

꽃이 웃고 있다
흙탕물로 얼룩진
그대를 보며
배시시 웃고 있다

저토록 모진 비바람에도
다시 일어서는
작은 꽃을 보며
그대 또한 웃고 있다

저 꽃처럼…

엄마의 유모차

갈고리 같은 손
굽은 다리엔
퇴행성관절염이
들어앉은 지 오래다
낡고 허름한 유모차는
어머니의 허리가 되어 준다

구부러진 허리
뭘 그리 빌 것이 많다고
땅을 향해 절을 하시는지
바라보는 눈가에
이슬 맺힌다

울 엄마의 허리가
딸에게는 큰 생채기로 남아있다

감격

강산이 여덟 번씩이나
변한 지금의 이 시간
팔순을 넘기고서도
당신은 다시 태어나고
있다는 것을
난 보았다

난 들었습니다.
받아든 책을 보시고는
이제부터는 더 잘 살아야겠다
새로운 의지로 그렇게
말씀하십니다

네가 아니었더라면
지금의 이 엄마는 없었을 거라며
주르륵 흐르는 저 눈물
이 여식 또한 아무 말도 못 한 채
주르륵 흐르고 있는 눈물 속에
무언의 대화를 보내고 있습니다

어머니
모쪼록 이 책 속에
당신의 지난날에 아픔과 설움일랑
다 묻어 버리시길 간절히 바랍니다

네 덕에 이 어미가 다시 산다
하신 어머니 너무 늦어
죄송했습니다

어머니 다시 꿈을 가져보세요
그리고 이제부터 그 꿈을 향해
이 딸은 어머니의 다리가
되어 드리겠습니다

호미

마음이야 텃밭에 나가
활보하고 싶지만
퇴행성관절염으로 외양간
기둥에 비스듬히
누워있어야 하는 모습이
꼭 우리네 어머니와 같다

젊은 날 전답에서 날이 새며
밤을 맞으시더니
이제는 툇마루에
걸터앉아 뚫어져라
텃밭만 바라보는
어머니의 모습이
애처롭기만 하다

제3부

아버지

아버지(1)

얼었던 땅 녹을 즈음
해마다 이맘때가 되면
찾아오는 근심 덩어리
버들강아지들
발그레 이 속살 보이며
설렘을 안겨줄 황홀함도
내게는 잠깐이다

팔십이 훌쩍 넘은 부모님
벌써부터 밭에서
하루해를 보내시니
어쩜 이리도 딱 맞출까
신기하기만 하다

농사일 시작할 때면
가마솥에 장을 풀고 간 맞추니
기분 좋은 울 아버지
안주 좋으니 막걸리 한잔
시원하게도 넘기신다

아버지(2)

모든 걸 주시고도
부족하셨던건가
아버지와 둘이 걷는다

고르지 못한 숨소리
아버지의 팔을 붙잡고
치과로 정형외과로
돌고 돈다

가솔들을 거느리시느라
뼈마디가 다 닳도록
논으로 밭으로
흙물 누렇게 찌든
아버지의 손

아버지의 희생에
감사의 마음을 담아 한 잔
죄송한 마음으로 한 잔
아버지의 건강을 빌며
한 잔을 올려드립니다

커피

일기예보에 비 소식이 있더니
잔뜩 흐린 하늘이
커피를 부른다

오늘같이 흐린 날엔
아무것도 넣지 않은 오롯이 까만
블랙커피로 나를 깨우고 싶다

어느 날 문뜩 코로나로 막혀버린 하늘길
보고 싶어도 볼 수 없는 딸아이 그리며
하얀 프림에 설탕 듬뿍 담긴
믹스 커피로 우울함을 달래본다

햇살 가득한 울 아버지 텃밭에서
하하 호호 함께라 비지땀도 즐거우니
얼음 동동 띄운 갈색빛
아이스 커피에 작은 천국 맛보네

아버지의 텃밭

어느 때보다 지루했던 올여름
아버지의 하루는 길기만 하다
고추밭 몇 고랑이
구속 아닌 구속으로
가둬버렸으니 아내의 부재가
가을 하늘만큼이나
크고 넓기만 하다

병상에 계신 어머니의 빈자리
뜨거운 태양 아래 흐르는 땀은
어머니에 대한 눈물이었을까
고추밭에서의 아버지는
거친 숨소리와 함께
긴 한숨을 몰아쉬고 계시다

지금도 어머니 없는
빈자리가 이렇게 클 줄
모르셨을 게다
지금도 아버지는 텃밭에서
눈물을 흘리고 계신다

부정맥

가늘 수 없는 세월
허공을 부여잡고
거친 숨 몰아쉬는 아버지
삑삑 소리 내어 울어준다

기골이 장정이던 아버지도
어느 날 앙상한 종아리에
퍼덕이는 부정맥이 흔든다

오늘도 아버지의 다리에
작은 기계를 대고 문지르며
아버지의 세월 안으로 들어간다
툭툭 삐져나온 혈관을
꼭꼭 눌러보며 당신 세월의
고단한 짐과 동행한다

번개 같은 세월

한 세월 힘껏
살아냈으면 되는 일
무슨 이유가 필요하고
무슨 변명이 있으리오
내 어머니 아버지
살아온 인생이 그러하듯
내 손안에 있는 가솔들 위해
이만큼 살아주셨으니

나 또한 눈 깜짝할 세월 속에
내 아이들 위해
부모님처럼만 살고프다

맘에도 없는 소리

울 아버지 맘에도 없는
소리를 하신다.
이만큼 살면 됐지
얼마나 더 살겠다고
좋은 것으로 하느냐
한 말씀 툭 던지신다

작년에 대공사 이후
치과 치료 한 달 차
드디어 오늘 AS 완료하신 날
감자옹심이로 아버지와
자축하는 날 막걸리가
빠져 서운하실 거다

내일은 막걸리 사 들고
밭에 계실 아버지께
한 사발 따라 드려야겠다

낮달

서산 너머로
넘어가는 달
내 아버지의 주름이
걸려있다

어릴 적 늘 사랑에 배고픈
아버지의 삶이었기에
표현 또한 부족하셨던
아버지의 사랑이다

마음과 따로 놀던
아버지의 사랑 표현은
반쯤 걸려있는 낮달 속에
어색한 사랑처럼
씁쓸한 맛으로
걸려있었다

본향 길 전셋집

얼굴도 모르는 할아버지
내가 태어나기도 전
할아버지는 이미 세상과
이별을 하셨다

멧돼지 불청객의 횡포로
할아버지의 묘를 개장할
준비를 한다

봉안공원 예약과
개장신고와 허가증까지 마치고
부모님을 모시고
봉안공원 자리까지
준비하고 이제 본향 길
전셋집 장만은 다했다
하시는 아버지

사용 계약서까지 쓰고
할아버지 할머니와
삼대의 전셋집은 준비되었다

아버지의 어깨

아버지의 등에는
늘 지게가 있었던
어릴 적 기억을
꺼내본다

오늘도 아버지는
흙물 누렇게 배이도록
하루종일 논에서 사셨다

한평생 다섯 남매들
이고 지고 오시느라
얼마나 힘드셨을까
무거운 짐들일랑
이제 내려놓으시고
나비처럼 훨훨
사뿐사뿐 남은 청춘이라도
불태우셨으면 얼마나 좋을까

개울물

어제만 해도 힘차게
흘렀었는데 가뭄 탓인가
오 남매 거두시느라
바닥이 훤히 보인다

목이 마르다
너도 나처럼 초주검에
침까지 말라 오는 거니
모진 바람 맞으며
자식에게 내어주시던
내 아버지의 개울물도
바닥이 보이는 신세가 되었다

간밤 꿈에 비가 내리더니
집 앞 도랑이 넘치던
어젯밤 꿈처럼
내 아버지의 개울물도
철철 흘러갔으면 좋겠다

아버지의 생신

시끌벅적하던
우리 집 대장 생신
총칼 아닌 바이러스 철조망을 치니
허전하기 이를 데 없다

거리 두기 외쳐대니
우리 오 남매
염려로 잠시라도 무거울까
거리 두기 실천하자 했지만
막상 때가 되니 쓸쓸하기
그지없다

우리 부모님
오 남매 빈자리
허전함 틈타 서러워하실까
서둘러 전 부치고 준비하며
몸을 바쁘게 굴려본다

점심상 물리고
부모님과 나란히 누워 있다

여기저기서 걸려오는 사랑스러운
목소리들이 달달하게 들려 온다
보고 싶은 피붙이들 목소리
다 들으시고 꿀잠 주무신다

아버지 꿈속에서라도
보고 싶은 작은아들, 막내딸
만나보고 깨셨으면 좋으련만…

이명

조용하면
더 울어댄다는 울음소리
아버지 귓속에 매미가 산다
짧은 시간 뜨겁게
요동치던 매미도
소리소문없이 사라지던데
아버지의 귓속에
매미는 늙지도 않는지
끊임없이 울어 댄다

울 아버지 뭘 해 드려야
기운 좀 차리실까
뭘 드셔야 매미 소리
쫓아버리실 수 있으려나
이 밤 고요 속에 곤한 몸
편히 쉬실 수 있으면
좋으련만 매미는 잠도
안 자고 울어 댄다

고장 난 리어커 바퀴를 보는데
아버지의 노고가 눈에 보인다

마음

작은 풀꽃은
쪼그리고 앉아 보아야 하고
키가 큰 나무는
고개를 들어 보아야 한다

아랫사람은
허리 굽혀 맞이하고
윗사람은 존경으로
올려다봐야 한다

작은 풀꽃을 보듯
막둥이 내 동생
보고 싶은 맘으로
사과 몇 알 따서
그리움 담아본다

막내딸 보고파
쏟아지는 빗속에서
가지 몇 개 따 담고
동글동글한 호박

사랑으로 담으신다

비염으로 고생하는
막내 걱정에
달맞이꽃 기름
아버지 사랑
작은 보따리
오늘은 막내 손에 닿으려나
기다리고 있는 하루가
길기만 하다

강풍

며칠씩 추적이는
봄비가 물러가니
오늘은 강풍으로
전쟁터가 되어버렸다

친정집 툇마루에
피리 소리가 들린다
억세게 불어대는 바람
비닐이 펄럭이며 피리를 분다

밭에 나가셨던 아버지
핼쑥해진 얼굴로
눈을 비비시며
쫓겨 들어오신다

아버지
바람에 날아갈 것 같으니
방에만 계시라 당부하고
내려왔어도 딸내미 마음은
친정집에 가 있다

제4부

친정집과 시부모님

카네이션

일 만 아셨던 우리 엄마
카네이션 꽃조차도
일하실 때 거추장스러우셨나
어릴 때 난 그렇게 생각했었다

이제 이 나이 들며 생각해보니
어머니의 속내를 알 것 같다
야! 야…
돈 아깝다

멀쩡한 꽃 버리는 게 아깝다고
책장 속 고이 간직했다가
이걸로 다시 쓰라 하시던
어머니
오늘 밤도 난
엄마 아버지 가슴에
달아 드릴 카네이션을 샀다

조건 없는 사랑

저녁 무렵 받은 전화
부모님의 묻혀있던
상처들이 비집고 나와서
막막하다

아니 다 잊고
묻혀있던 게 아니라
최선을 다해 감추고
누르시며 살아왔을 것이다

조금만 더 내려놓으시면
아니 조금만 더 망각하고
사셨으면 좋으련만
이 딸의 하루가 온통 잿빛이다

손 만 대도 툭 하고 봇물
터지듯이 터져버리는
아픈 상처들을 무엇으로
싸매드릴 수 있을까
오늘도 근심이 한 짐이다

우리들을 향한 내 어머니의
사랑은 무조건이셨을 게다.
두 분의 삶 또한 내게 조건 없는
첫 번째 사랑이기에
오늘 하루가 내게 천일인 듯…

걸음마

오십보다는 육십과
가까운 여자
한 발짝 발을 떼 본다

노래는 불러 줄 때 빛이 나고
시 또한 읽고 영혼을 담아
낭송해 줄 때 우주를 가득 채운다

둔한 내 입술을 통하여
꽃을 노래하고
사랑을 노래하며
애끊는 부모님의 사랑을
읊조려 본다

미치지 않고는 할 수 없는 일
전국 곳곳에서 밝고 고운
꽃송이들이 멀고 먼
양구 한반도 섬에서
꽃으로 활짝 피었다

떠나가신 어머니를
그리며 눈물 삼키고
사랑을 노래하고
어느 시인의 꽃을
노래하기도 하였다

이제 이 사람 겨우
한걸음 떼어 보았지만
거룩한 부담감을 안고
아장아장 걸어 나가 보리라
시인의 시에 혼을 넣어
시인의 마음 풀어가며
내일도 한 발 한 발
나가보련다

다시 찾아왔습니다

추수 때마다 듣는 인사
내년엔 그만할란다
이제 힘들어서 못하겠다

울 아버지 어머니
해마다 하시는 인사말
십 년을 넘게 듣는 인사였다

어느 해부터인가
이제, 그만 좀 하셔요
밭 좀 묵힌다고 도망가지 않는다
이 또한 해마다 드리는 말씀

따뜻한 봄바람과 함께
봄은 다시 찾아왔습니다.
친정집 텃밭에도 이미 자리 잡고
봄이 앉아있습니다

고추모 심는 날

고단함도 잠시
나란히 꽂아놓은 고추모
하우스 안이
이제 제멋을 찾아 간다

가뭄으로 인해
모종삽이 움직일 때마다
흙먼지가 하우스 안
자기만의 존재감을 품어낸다

한 도랑도 가기 전에
땀은 흐르고 눈은 따갑다
어머니 아버지의 무거운 짐
조금이나마 덜어드리고 싶은
마음뿐이니

끊어질 듯한 나의 허리는
잠시 접어두고
열심히 고추모를 심다 보니
내 마음까지 꽉 채워진다

빨래

마음속 힘든 일 있을 때마다
나는 빨래를 한다

어릴 적 친정집 앞
빨래터가 그리워진다

빨랫감 가득 담긴 대야
옆구리에 걸쳐 들고

방망이로 두드리며
비비다 보면
속까지 후련해지던 빨래터가
오늘따라 눈앞에 삼삼하다

속 복잡한 날이면
나는 빨래를 한다

칠월의 어느 날

훤해진 옥수수밭 덕분에
부모님의 낯빛이
훤해지셨다

이 여식의 마음 또한
어디선가 가을바람 시원하니
가벼워진다

땅 한 톨 없이 시작하신
부모님의 삶을 잘 알고 있기에
내려놓으라는 잔소리 대신
묵묵히 해결해 드림이
최고라네

느티나무

내 고향
느티나무는
아버지와 같다

내 고향
느티나무는
어머니와도 같다

타향살이
외롭고 쓸쓸할 때면
마을 어귀 느티나무가 그리워진다
부모님이 그리워진다

파란 하늘이 그립다

서러움 눈물로 가두고
꾹꾹 참아내더니
천지가 아수라장이다
질서는 무너진 지 오래
가지런히 줄을 서 있던
옥수수며 서리태 콩들이
모두 드러눕고 말았다

푹푹 찌는 삼복더위
바람마저 뜨거워
지친 몸 쉬어가고파
시원한 그늘 찾아
헤매던 지난여름

하늘거리는 솔바람
맞아가며 고추잠자리
술래잡기하느라
엉기성기 맴돌던 그 하늘
파란 하늘이 그리워진다

텃밭

무더위로 말라가는 밭
부모님의 애끊는 심정
걸음거리만 바빠진다

화살 같은 햇살이
이른 아침부터 극성이니
어머니 물조리는 쉴 틈이 없다

하우스 안 참깨 묘
뾰족뾰족, 사랑스럽다

더위에 힘들다
말리는 딸 뒤로하고
애들은 사람 발자국 소리
듣고 자란다며 물조리를
들고 작은 모 하나에도
축복을 빌어주는
어머니의 이마에도
비가 내린다

어머니
하루에도 몇 번씩 돌고 돌며
잘 자라다오, 속삭이시니
정성 흠뻑 젖도록
내리는 사랑 비 받아먹고
무럭무럭 자라길 바란다

비가 온다

장마 걱정이 태산이었는데
친정집 앞마당에는
수줍은 새색시처럼
살금살금 내려와
축 꺾여있던 들깨 묘목
목을 추켜세운다

굵어지는 빗소리에
내 마음의 피로와 근심도
저 빗방울이 말끔히
씻어주길 소망한다

비바람 내 앞에 몰아친다 해도
주만 의지하며
나의 삶을 품어갈 수 있기를
기도하는 이 시간
내 안에 하늘에서도
시원한 빗줄기가
쏟아지고 있다

심폐소생술

부모님의 건재함을
텃밭에서 볼 수 있었는데
콩이며 옥수수가
여기저기 누워 버렸다

흙물에 잠겨 버린 콩을
일 커 세우니 주저앉아
곤두박질한다
자식들 먹이려 박아놓았던 옥수수
꽃삽 하나로 심폐소생술을 한다

어릴 적 못자리판에 쓰던
대나무 가지로 지지대를 꽂고
정형외과 시술을 하니
그럴싸하다

비바람 잠시 쉬어 가는 하루
아버지도 포기하신 텃밭에
외과 전문의 되어 일으켜
세워주고 심폐소생술로
희망을 담아준다

새벽 숲길

고요 속 자욱한 새벽
안갯속을 걸어갑니다
걷혀질 것 같은 숲
생수병을 들고 아무도 없는
약수터에서 어머니를 만났다

약수를 유난히도
좋아하시던 당신
삼십 년 넘게 울고 웃으며
함께 했던 병상이었지만
끝까지 지키지 못하는 게
죄스러워 새벽마다 약수를 떠다
드렸던 날도 있었다

어머니 본향 길 떠나신 지 5주년
오늘도 난 그 새벽 숲길을
마음으로 걸어본다
당신을 그리며 찾아가던
그 숲길 오늘도 어머니
모신 이곳을 찾는다

새벽 약수 대신 잔잔한
국화꽃 한 송이를
어머니 영정 앞에 드린다
좋다 하시며 시원하게
물 한 컵을 비우시던 어머니
뭐가 그리 급하신 지 4년 만에
당신 곁으로 가신 아버님과
한방에 계시니 좋아하실 거다

무서움도 잊은 채 매일
찾아갔던 새벽 숲길은
내게 어머니의 침대를
지키지 못하는 대리 만족에
무서움과 맞바꿀 수 있었던
약수터 가는 새벽길이었다

경포대에서

유채꽃 고랑, 고랑
사랑의 물결이다

사랑의 포로 되어
꽁꽁 묶여 버렸던 세월
이제는 또 다른 아버지와
손 마주 잡고 꽃길도 걸을 수
있어 이 또한 꽃길 중에
꽃길이었다

두 분 모두 떠나셨으니
이제는 추억놀이로
빈 가슴에서 해야 하나 보다

두 번째 시월

시어머니 떠나시고
그해 가을이었다
꿈에도 예견치 못했던
시아버님의 뇌경색

다행히도 좋은 선생님과
당신의 의지 또한 최상이라
빠른 회복으로 한해의
삶의 질은 행복했었다
기다리는 이 없다지만
또다시 찾아온 시월

어김없이 다시 찾아온
뇌경색
나락으로 떨어진 아버님의
마음의 응원하고 싶어
수타사로 향하는 길

한여름 용광로처럼
뜨겁고 힘든 날이었다
나뭇가지 사이로 불어오는 바람은
지친 영혼을 안아 주는 듯
위로와 평강의 한없이 고마운
바람이었다

손깍지

한 남자는 그의 남편
또 한 여자는 며느리
한 여인을 떠나보내야 했다

어머니의 길고 긴 투병 생활을
지켜보며 그냥 바라볼 수밖에
없는 그 남편이 가엾다

얼마나 힘드실까
누군가를 떠나보내야 한다는 건
지옥 같은 일,
그 힘든 이별의 모습을 지켜보며
자연스레 아버님의 팔짱을 끼게 되었다

아침마다 중환자실을 지켜보며
어느새 나도 모르는 사이에
손을 잡게 되었고
어머니를 떠나보낸 후
손깍지를 끼게 되었었다

때론 버겁기도 했지만
때론 서운함도 있었지만
이제는 그 손을 잡을 수도 없다

명의

내 나이 스물여섯부터
병원이 내 집같이 단골이다

시아버님의 주치의인 김 교수님
문을 열고 손을 잡으며 환자를 받으신다

89세의 어른의 이야기를
귀 기울여 들어주시니

아버님께는
약보다 더 약이 되는
선생님이 되셨으니 명의 아닌가

환자의 마음 읽어 주시고
만져주셔서 새털같이 가벼워지니
당신은 우리들에게 명의 중 명의입니다

수타사

초록빛 사랑 주렁주렁
매달려 있는 수타사
이른 아침 출발해
약보다 더 약이 되는
교수님 만나 뵈었다

유난히도 햇살 고운 오후
그날도 약 보따리는
한 짐이었다

시아버님과의 짧은 여행
수타사의 소나무길
주렁주렁 열려있는
연못가의 수국 들
바람 잘 날 없었던
우리 집 가족사를
보는 것 같아
애잔해 보인다

제5부

조건 없는 사랑

장어덮밥

수술로 쇠약해진 어머니
오늘도 피검사 해보더니
뽀얀 영양제가 매달리고
맘 급해진 딸 장어덮밥
병실 안에 차려놓는다

잘 구워진 장어 가지런히
담은 도시락에 고맙다 하시며
마음으로 드시고
몇 숟가락 꼭꼭 씹으신다

이 여식을 위해 밥 한 숟가락에도
최선을 다해 드시는 모습에
딸에 시름 걷어 마음까지
내리사랑 전해진다

병실에서

어스름한 새벽녘
동도 트기 전인데
웅성웅성 남북 대화도
아닌 담화가 열렸다
보조 침대에 누워있던 여자는
조금이라도 더 누워있고 싶어
한 시간째 몸을 틀어가며
등을 붙이고 밀회 중이다
귀가 어두운 어르신들은
새벽잠이 없으니
간호사의 제제에도
우후죽순 여기저기서
당신들의 이야기를 품어 내는데
마른 나뭇가지 같은 어머니
숨소리조차 안 들릴 정도니
주무시나 했더니 밤새 통증과
싸우고 계셨더란다
얼마나 미안한지
어머니 곁을 서성거린다
아프면 아프다 표현이라도 하시지

어차피 겪어야 하는 거라며
미안해하는 딸을 위로하시는
당신은 정말 위대한 여인
작은 거인입니다

잠의 구속

목이 마른다
무거운 몸
피로를 풀어보려
진한 커피 한 잔
목에서 부르는 줄 알았더니

밀어내며 울부짖듯
싸하니 속만 쓰리고
정작 잠만 불러오니
병상을 지키는 이 몸
야속하기만 하다

하루종일 모녀가
잠에 붙잡혀
헤어 나오질 못하고 있다
잠에 구속되어
하루가 저물어 달도 별도 없는
구름에 걸려 아롱거린다

비 내리는 밤

우르르 쾅쾅
굉음이 우주를 깨운다

무엇이 저토록 슬퍼서
통곡하며 주르륵주르륵
쏟아 내는 것인가
쏟아지는 빗줄기는
그칠 줄 모르고
병실 창문을 사정없이 때려
번쩍거리며 존재감을
뽐내고 있다

밤새워 천둥 번개로
옥죄어 오니
이불을 끌어올려도
병실 안은
한기가 돌고 내 안의
영혼이 추워진다

가로등

어둠의 한 자락
밝혀주는 가로등이
뒷짐 지고 서 있다

오고 가는 이
고마움은커녕
아는 체도 하지 않는다

없고 봐야 고마움을 알까
서운한 가로등
고개 숙여
뜬 눈으로 지켜준다

병상 일기(1)

소등하여 캄캄한 병실
보조 침대에 누워
어두운 밤과 씨름을 한다

아이처럼 억지로 눈을 감고
한참을 씨름하다
핸드폰을 본다

깊은 밤 마음으로
길을 만들고
밤을 지새우다
나를 위로한다

병상 일기(2)

기운을 차려야 하기에
휠체어에 의지하여
산책도 해보았지만
흐려진 기억과 함께
주름살만 깊게 눕는다

나른한 오후
비좁은 욕실에서
대야에 발을 담그고
조물조물 엄마 발을
만지작거려 본다

굳은살로 두꺼워진 발뒤꿈치
찬물을 좋아하시니
냉수로 족욕하고 나서는
책 붙잡고 사자소학에
집중하신다

엄마 발을 만져드리며
무통 주사보다 좋은 독서로
오늘의 시름도 다 잊으시길
빌고 또 빌어본다

병상일기(3)

이참에 다이어트를 해보겠다고
쉐이크까지 챙겨 넣고는
딱 한 번 먹어보았다
어머니의 밥으로 나누어 먹어도
충분할 만큼 넉넉한 인심
손님들 오실 때면 병원 앞
국시 집으로 망설임 없이 달려간다.
첫날 어르신의 넉넉함에 중독이
돼버렸다

감자를 한솥 쪄 놓으시고
마음껏 드시라고
보글보글 끓고 있는
누룽지에 어르신의 넉넉함에
취해 버린다

파근파근한 찐 감자에 반해
어르신께 한 개만 싸주시면
어머니께 드리고 싶다
말씀드렸더니

도시락을 주시며
마음껏 싸가라고 해주시니
얼마나 감자한 지…
맛있게 드시는 어머니와
환우들을 보며
난 손님만 오시면 이 댁을 자랑한다

찐 감자에 취해
병실까지 감자 파티를 하고
다이어트는커녕
어느새 주부들의 큐얼 코드
옆구리 살이 점점 더
늘어가는 기분이다

엄마도 갈 수 없는 길

이 세상 엄마는
뭐든지 다 할 수 있다고
믿었다

엄마의 힘으로도
할 수 없는 일 있기에
가슴에 멍 자국만 깊어진다

난생처음 겪어보는
자가격리에는
엄마라는 특권을
가지고도 꼼짝 못 함에
가슴만 아파진다

감사

아침에 눈을 뜨니
곁에 잠들어있는
이 있으니 감사

밥숟가락 함께
뜰 수 있는 이 있으니
이 작고 소소한 일 또한 감사

오늘처럼
함께 할 수 있는 이 있으니
얼마나 감사한가

내 곁에
당신이 있어 주는
하나만으로도
감사의 조건은 넘친다

그리움(1)

오늘도
그리움에
오이를 절여 본다

딸아이
보고파서
그리움에 간 맞춰

오이지
한 통으로
어미 마음 보내본다

그리움(2)

딸 아이
생각나면
그리움을 담근다

오늘도
보고파서
오이를 절여 본다

한 통의
오이지 사랑
그리움만 가득하다

사진

나의 사랑 그리움 타고
달빛에 실려 오는 노래여
일찌감치 부모 그늘 떠나
하늘길 열고 간
너의 터가 지척이었는데
가고 싶어 갈 수 없고
오고 싶어 올 수 없는
가깝고도 먼 나라가 돼버렸다

보일 듯 보이지 않고
만져질 듯 만져보지 못하는
이 애끊는 어미의 마음
앨범 속 사진으로
너를 만져보고
너를 안아 본다

사랑하는 딸아
늘 남들보다 빨리 철이 들어 있던
너를 볼 때마다
대견함보다는 가슴 어딘가에

짠한 울림을 주었었지
이렇게 멀리 이렇게 오랫동안
가 있을 거였으면
어리광이라도 부려볼 것이지

엄마는 오늘도
사진 속에서 너를 만나고 있단다

복숭아

발그레한 복숭아
멀리 있던 딸아이가
환하게 웃고 있다

이국땅 멀리 있는
딸아이의 얼굴을
이렇게라도 볼 수 있으니
고맙다

귀한 걸 보내주신
딸아이의 지인 덕분에
오늘도 발그레한
딸아이의 얼굴을 보고 있다

그리움(3)

엊그제 떠난
지독할 만큼 잔인한 사랑
대롱대롱 꽃으로 피어
그리움이 열려있네

하늘길 가는 게 뭐 그리 바쁘다고
어미 버리고 떠난 아들
죽을 만큼 그리운 어미의 한이
주렁주렁 열려
피 터지는 아픈 사랑으로
가슴이 저려온다

목 놓아 토해내던 어미의 절규는
꽃잎 되어 뚝뚝 떨어지고
이토록 아름답게 피어나
그리운 아들 향한 사랑으로
피어났는가

보고 있어도 그리운 존재가
피붙이이거늘

며칠 후 며칠 후 요단강 건너가
고통도 눈물도 없는
저 천국에서
우리 다시 만나자
사랑으로 피어나 그리움으로
지는 점목형 꽃처럼

비야 내려다오

멍하니 벽만 뚫어져라
보고 있다
몸의 고단함보다
머릿속에 텅 빈듯한 이 심정

보이지 않는 뭔가가
어둠 속에서 자꾸
끌어당기고 있는 것 같다

이내 심정이 이런데
어미 된 시누이의 시커먼 속을
누가 짐작이라도 할 수 있으리오

내 안에는 모를 감정들이
빗물 되어 떨어지고 있다
차라리 한바탕 쏟아졌으면 좋으련만

사랑하는 피붙이 보내야 하는
먹먹한 이내 가슴
빗물에라도 띄워 보낼 수 있게

고맙습니다

고맙습니다
언젠가 한 번
말하고 싶었습니다

고맙다는 말속에는
미안도 있고 때론 안쓰러운
마음도 담고 있답니다

당신과 함께한 날들 속에
진심으로 마음을 담아
고맙다는 이 말을
꼭 드리고 싶었습니다

서툰 표현일지라도
너무 늦지 않게
말할 수 있어서
참 다행입니다

고맙습니다

사랑과 미움

엄마는 아빠가 싫은 거야?
미운 거야?
미워 죽겠다 하니
그럼 그냥 참고 살라 한다

이 세상에 싫다는 것은
한 가닥의 희망도 없이
보기조차 싫은
구제 불능의 관계다

미움 보따리 안에는
사랑이 숨겨져 있으니
기대도 바람도 있으니
미움도 있는 것이다

사랑 가득
품고 있으니
미움도 품고 있는
사랑이다

영웅

내 어머니의
핑크빛 청춘은 어디 가고
애달픈 황혼의 꽃이 되었구나

뿌연 운무 속 골짜기에 감도는
고난의 삶을 칭칭 감아
어둠을 뚫고 힘차게 올라오는
저 해처럼 내 어머니는 오늘도
감동을 만들어 가신다

어머니의 작은 어깨에
여덟 식구나 되는 짐을 지웠으니
닳고 닳아 끊어진 힘줄
다시 이어 놓아

화선지에 당신의 꿈을 그리시고자
떨리는 손 부여잡고 펜을 들은
그 모습에 가슴 뭉클하다

어머니 당신은 해내실 수 있으십니다

세상을 향해 감동을 만들어 가는
당신은 나의 지표 같은 사람으로
밑거름이 되어주시는 영웅입니다

□ 서평

효심(孝心)이 시심(詩心)이다

최 봉 희(시조시인, 평론가, 글벗 편집주간)

교육현장 또는 지역의 마을교육공동체에서 교육 활동을 전개하다 보면 가르칠 교(敎)라는 글자를 자주 만나곤 한다. 교화시키는 것을 '교(敎)'라고 하는데 그 교자가 효도 효(孝) 옆에 글월 문(文)을 한 것이다. 모든 윤리라 하는 것은 효도에서 비롯되는 것이기 때문에, 사람 되는 것을 가르치는 일이다. 여러 가지 인사 문제를 가르친다는 교(敎)자가 효도 효(孝) 옆에 글월 문(文)자를 붙인 것이다. 다시 말해서 가르칠 교(敎)자는 '효도하는 글'이란 의미다.

다산 정약용 선생님의 편지를 모아서 펴낸 『유배지에서 보낸 편지』를 읽은 적이 있다. 그 글 중에 마음에 와닿는 구절이 있다. 다산 선생님이 18년이라는 오랜 유배 생활 동안에 행한 행적들을 살펴보면 늘 숙연해진다. 아니 놀랍고도 존경스럽다. 그 글 중 가슴에 와닿는 글을 인용한다.

독서를 하려면 반드시 먼저 근본을 확립해야 한다. 효제(孝悌) 근본이 확립되고 나면 학문은 자연스럽게 몸에 배어들고 넉넉해진다. 몸을 닦는 일(修身)은 효도(孝)와 우애(友)로써 근본을 삼아야 한다.

– 정약용의 『유배지에서 보낸 편지』 중에서

독서와 학문, 책 쓰기, 공직자의 자세, 마음가짐 등 다산 선생님으로부터 영감을 받는 부분이 참으로 많다. 가장 공감을 한 부분은 "수신(修身)은 곧 효제(孝悌)"라는 부분이다. 독서와 글쓰기도 먼저 효(孝)와 제(悌)라는 근본이 바로 서야 비로소 이루어진다는 것이다.

자식으로서 부모에게 효도하는 것은 극히 자연스러운 이치다. 가르쳐 주지 않아도 본래 이치가 자식으로서는 어버이에게 효도하는 수밖에 없다. 그걸 거부하는 자는 불의한 자라고 할 수밖에 없다. 그렇게 바탕이 불의한 자가 어떻게 붕우유신(朋友有信)을 할까? 또 부부유별(夫婦有別)을 하고, 장유유서(長幼有序)를 할 수 있겠는가. 또한 위국지충(爲國之忠)을 할 수 있겠는가. 그래서 예로부터 효도는 백행(百行)의 근본(根本)이라고 하지 않았던가.

내가 아는 시인 중에 효심이 가득한 글을 쓰는 시인이 한 분 있다. 오로지 부모님과 시댁 어르신을 존경과 사랑으로 섬기면서 생활 속에 시를 쓰는 시인이기도 하다. 바로 강원도 양구에 사는 이연홍 시인이다. 그의 효심이 담긴 시 작품을 감상해 보자.

떨리는 손으로 한자, 한자
적어가는 어머니의 마음은
딱 오늘 만난 쪽빛 하늘같다

함께 공부하며 나누던 정
만나지 못하는 그리움이
핸드폰을 통해
빠르고 정확하게
배달되었나 보다

옥희 씨, 복희씨, 은숙 씨
그리고 존경하는 스승님
85세의 어머니는
고마움과 그리움을
유난히도 파란 하늘에
춤추고 있는 꽃잎 되어
임 계신 곳 당도하니
반가운 화답이 날아온다
- 시 「안부」 전문

나의 어머니를 '쪽빛 하늘 같다'는 표현이 눈길을 끈다. 어머니의 마음을 '춤추는 꽃잎'으로 표현한 것도 매우 인상적이다. 그의 시심은 효심에서 시작됨을 쉽게 알 수 있다.

우리의 문학사에서 효와 관련한 작가를 떠올리자면 먼저 머리에 떠오르는 작가는 바로 '송강 정철' 선생이다. 송강의 시조 「훈민가」에 효도에 관한 것으로는 다음의 두 수를 만날 수 있다.

아버님 날 낳으시고 어마님 날 기르시니
두 분 곧 아니시면 이 몸이 살았을까
하늘과 같은 은덕을 어디 다해 갚사오리.

어버이 살아실 제 섬기기란 다하여라
지나간 후면 애달프다 어떠하리
평생에 고쳐 못할 일이 이뿐인가 하노라
– 송강 정 철의 시조 「훈민가」 중에서

부모님의 생전에 효행을 힘쓰라고 주장한 작품이다. 이연홍 시인은 바로 효행을 실천하는 작가다. 어머님의 생전에 꿈이셨던 글쓰기 작업과 그림 그리기를 지켜보면서 지지자로서 항상 곁에서 응원하곤 한다. 그 결과 어머님께서 두 권의 책을 저술하시게 된다. 그 어머님은 바로 정옥선 작가님이시다.

다만 입으로 가르치고 행동으로 일깨우는 데서 그치지 않고 효가 무엇인가를 알려주려는 선조 시인들의 노력과 정성을 필자는 이해할 수 있다. 이연홍 시인도 역시 효가 우리의 사회에서 얼마나 중요한가를 깨우치고 알려주는 큰 역할을 하고 있다. 물론 그가 의도한 것은 결코 아니다. 부모님을 존경하고 사랑하는 마음에서 저절로 나온 삶의 모습이자 감동일 것이다.

어릴 적 아카시아의 향기
중년이 된 나의 무릎 위에
소환시켜 올려 놓아본다

밭 언저리 돌담을 쌓고
아카시아 나무로 울타리를
쳐놓았던 신병교육대
코를 찌를 듯한 짙은
향기 따라 어머니의
눈물은 마를 날이 없었다

군에 간 아들 생각에
부대 안 교육생들에 힘찬
구령은 내 어머니의 가슴팍
총기가 되어 훑어지고
생채기로 피가 줄줄 흐른다.

아!
아카시아 꽃향기에
사랑스러운 나의 어머니
젖내음이 묻어 나온다
– 시 「아카시아의 향기」

이러한 작품들은 마치 현대의 우리 사회에서의 기독교 찬송가에 비유될 수 있는 것들이다. 비록 교회당에서의 의식은 없었으나 찬송가를 통해서 하느님의 은총을 생각하고 그리스도의 복음을 생각하듯이, 이 노래들은 부모님의 은혜를 잊지 말고 효성의 도를 생각하게 된다.

이연홍 시인은 어머니를 누구보다도 잘 알고 있다. 사실 부모님과 소통하는 일은 쉽지 않은 일이다. 그가 어머님의 모습을 그린 시 작품에 그 사랑이 고스란히 녹아 있다.

누런 이면지가
꿈의 동산이 되어
한 송이 꽃피워 놓고
나비는 날고 있다
작은 꿈은 어느새 한지
위에서 꿈을 그려 놓는다

어떻게 이런 창조를 하셨을까
해 넘긴 달력은 꿈의 동산 되어
꽃을 심어 새가 날고 있다

호랑이 근육 자랑에
매화의 사랑 꽃향기 피워
엄마의 동산은 희망이다
– 시 「엄마의 세계」

어머님이신 정옥선 작가님께서 달력을 이용하여 그림을 그리시는 그 열정이 참으로 대단하고 아름답다. 그 그림을 호랑이가 근육 자랑을 하고 매화꽃 향기가 핀 평화의 동산, 꿈의 동산이 되었다는 표현이 싱그럽다.

모든 걸 주시고도

부족하셨던건가
아버지와 둘이 걷는다

고르지 못한 숨소리
아버지의 팔을 붙잡고
치과로 정형외과로 돌고 돈다

가솔들 거느리느라
뼈마디가 다 닳도록
논으로 밭으로
흙물 누렇게 찌든
아버지의 손

아버지의 희생에
감사의 마음을 담아서 한 잔
죄송한 마음으로 한 잔
아버지의 건강을 빌며
한 잔을 올려드립니다
– 시 「아버지」 전문

아버지에 대한 감사의 마음과 죄송한 마음, 그리고 건강을 비는 술 한잔, 분명 막걸리 한 잔이리라. 그 따뜻한 소통은 우리의 마음을 시큼하게 울린다.

오늘날의 효에 대한 가치관은 분명히 변화하고 있다. 하지만 아직은 뚜렷한 가치 체계가 확립되지는 않았다.

우리가 문학의 여러 장르에 나타난 전통적인 효의 관념은 여러 시대를 거쳐 오늘에 이르러 왔음을 볼 수 있다. 효는 천성(天性)이라는 기본 태도가 우리의 문학 작품들에 짙게 깔려 있다. 이 사실은 우리에게 시사적인 암시를 던져주고 있다.

가슴 속인들 오죽하랴
가난에 맺힌 설움
검게 멍든 것을
누군들 알겠는가
멍든 모습에
당신의 모습이 배어 나온다

따듯한 것은 내어주고 퍼 주다
정작 어머니의 우물은 말라
차디찬 알몸 되어 침상 위에
누워있는 모습이 마른 나뭇가지 같아
가슴이 시려온다

그 고통 속에서도 자식들 아파할까
애써 기운 차려보려 하는 당신
지난 시간을 헤매며
떠올려 보는 깊은 밤
당신의 야윈 모습 당신의 우물에
샘이 솟기를 기도한다
– 시 「모정(1)」 전문

다시 말해 효는 소통이 아닐까? 자녀와 부모의 공감, 그리고 따뜻한 대화에서 비롯되는 것은 아닐까?

효도는 누구나 옳다고 말한다. 많은 사람들이 그렇게 이야기했고 말해 왔다. 그러나 정작 끊임없이 지속적으로 효를 말하는 작가는 드물다.

참된 인간으로서의 본분이 효도라고 한다면 오늘날과 같은 혼미한 사회 풍조 속에서 이연홍 시인의 시집 「모정」은 매우 맑은 청량제가 될 수 있으리라. 그런 의미에서 이연홍 시인의 첫 시집 「모정」이 시사하는 바가 크다.

나보다 더 나를
사랑하신다
세월의 흔적에
흰 서리 내린 모습
당연한 걸
당신의 딸은 아닌가 보다

야! 야!
네가 벌써
염색이라도 했으면 좋겠다
오늘은 얼굴이 가무잡잡해졌다고
지긋이 바라보신다

나보다 내게 더 집중하시는
나의 사랑
오늘도 그 사랑이

내게 주시는
가장 귀한 사랑이다
- 시 「모정(2)」

시인은 '나보다 더 나를 사랑하는 어머니'를 그린다. 그 사랑이 가장 귀한 사랑이라고 말한다. 어쩌면 이연홍 시인의 글쓰기는 어머니의 사랑이라는 창작의 메타포가 있었기 때문이리라.

나는 이 대목에서 진지하게 다시 묻게 된다. 왜 글을 쓰는가? 자신이 하고 싶은 일, 좋아하는 일을 할 수도 있는데 왜 굳이 글 쓰는 고생(?)을 하는 것일까?

이는 어쩌면 효의 목소리를 낼 수 있도록, 혹은 이를 통해 감사와 행복의 목소리를 부여하도록 시인으로 운명 지어진 사람이 아닐까? 그런 생각을 가끔 해 본다.

눈물을 글썽이는 친구
보고 싶어도 볼 수 없는
엄마가 보고 싶다 한다

친구야
곁에 계신 엄마라도
난 늘 그립고 울컥하며
보고 싶어진단다

보고 있어도 보고 싶은

나의 어머니
– 시 「어머니」 전문

그 이름 '어머니'. 어쩌면 시인이 글을 쓰는 이유일 것이다. 그것이 하나뿐인 삶 속에서 험난하고 힘겨운 삶 속에서 보고 싶고 늘 그리운 이름, 보고 있어도 보고 싶은 이름, 그래서 시인은 놀라운 목소리를 낼 수 있도록 부여된 사람이 아닐까 한다. 결국, 내 가족, 나의 어머니, 나의 삶의 이야기를 들려주는 일이 어떤 의미인지 말할 수 있는 사람은 오로지 글을 쓰는 시인의 몫이 아닐까 한다.

끝으로 '효심(孝心)이 시심(詩心)'임을 깨우쳐 준 이연홍 시인의 아름다운 시에 찬사를 보낸다. 그가 어머니의 모습을 묘사하지 않았다면 그리고 자신의 삶과 감동을 글로 쓰지 않았다면 그 아름다운 마음은 전해지지 않았으리.

이연홍 시인의 아름다운 효심과 시심으로 문운이 활짝 열리길 응원한다.

■ 글벗시선 117 이연홍 시집

모정

인 쇄 일 2020년 11월 10일
발 행 일 2020년 11월 10일
지 은 이 이 연 홍
펴 낸 이 한 주 희
펴 낸 곳 도서출판 글벗
출판등록 2007. 10. 29(제406-2007-100호)
주　　소 경기도 파주시 와석순환로 16,(야당동)
롯데캐슬파크타운 905동 1104호
홈페이지 http://guelbut.co.kr
E-mail juhee6305@hanmail.net
전화번호 031-957-1461
팩　　스 031-957-7319
가　　격 12,000원
I S B N 978-89-6533-158-2 04810